Der Lehrer zu Fritzchen: »Nenne mir zwei berühmte Männer, deren Namen mit einem ›B‹ beginnen!«
»Ballack und Beckenbauer.«
»Nun, ich dachte da eher an Männer wie Bach oder Beethoven.«
»Die kenne ich nicht. Spielten die auch in der Nationalmannschaft?«

Nach einem Länderspiel ist die National-mannschaft auf dem Weg nach Hause. An der Grenze fragt der Zöllner einen Spieler: »Alkohol, Parfüm, Zigaretten?« Antwortet dieser: »Nein, danke. Aber Sie können mir einen Kaffee bringen.«

Welches ist der höchste Berg der Welt? – Na, der Betzenberg in Kaiserslautern. Der 1. FC Kaiserslautern brauchte ein ganzes Jahr, um abzusteigen.

»Papi, sagst du der Mami bitte nicht,
dass ich ihr Pralinen gekauft habe.«
»Willst du sie überraschen?«
»Nein, ich hab die Pralinen aufgegessen.«

Mein
SUPER
WITZE-
BUCH

arsEdition

Max steht unten an der Rolltreppe und wartet und wartet. »Traust du dich nicht, mein Kleiner«, fragt eine freundliche Frau und will ihm helfen. »Bloß nicht!«, wehrt sich Max. »Ich hab eben auf der Rolltreppe meinen Kaugummi verloren und steh hier nur und warte, dass er wieder vorbeikommt.«

Max fragt seinen Freund Bastian: »Hast du schon mal einen Elefanten im Kirschbaum gesehen?« »Nee«, meint der, »noch nie.« »Da siehst du mal, wie gut die sich verstecken können.«

Zwei Fliegen krabbeln auf einem Globus herum. Als sie sich zum zweiten Mal begegnen, sagt die eine zur anderen: »Wie klein die Welt doch ist!«

»Ich hab es genau gesehen, du hast meinem Hund die Zunge rausgestreckt!«, beschwert sich Tim. Meint Olja: »Stimmt, aber er hat angefangen.«

»Tor, Tor!« Ein Junge hat beim Fußballspiel auf dem Bolzplatz ein Tor geschossen. Sein Vater hat zugeschaut und bietet seinem Sohn an: »Dafür gibt es eine Belohnung! Willst du lieber einen Euro oder ein paar Bonbons?«
»Ich nehme die Bonbons – für eine Profi-Karriere ist es noch zu früh.«

Ein Fußballspieler wird vom Ball auf die Nase getroffen. Sofort läuft der Mannschaftsarzt aufs Feld und untersucht ihn. Er meint: »Die Nase scheint heil geblieben zu sein.« Antwortet der Spieler: »Ja, das denke ich auch – die beiden Löcher waren vorher schon drin.«

Johanna und Marie haben sich so heftig gestritten, dass sie sofort ins Bett geschickt wurden. Sie liegen in ihrem Etagenbett und reden kein Wort miteinander. Marie will sich wieder vertragen: »Johanna«, flüstert sie, »bist du noch wach?« »Sag ich dir nicht«, zischt Johanna zurück.

»Die Hose passt einfach fantastisch«, schwärmt die Verkäuferin, als Herr Müller aus der Umkleidekabine kommt. »Finden Sie?«, meint Herr Müller. »Sie kneift ein bisschen unter den Armen.«

Woran erkennt man, wo beim Regenwurm vorne und hinten ist?

Man kitzelt ihn in der Mitte. Wo er kichert, ist vorne.

Was hat vier Beine und kann trotzdem nicht laufen?

Zwei Hosen

Wie bekommt man ein Nilpferd in einen Kühlschrank?

Tür auf, Nilpferd rein, Tür zu.

Was ist der Unterschied zwischen einem Pianisten und einem Pinguin?

Der Pianist hat nur einen Flügel.

Was ist einer, der sich nicht wäscht?

Ein Energiesparschwein

Was liegt in der Wüste und ist unsichtbar?

Ein gelber Bindfaden

Und was liegt in der Wüste und ist schwarz?

Der Schatten vom gelben Bindfaden

In welchem Zug kann man nicht fahren?

Im Durchzug

Welche Schrift muss jeder Postbote lesen können?

Die Anschrift

Was ist einer, der in Europa geboren, in Amerika aufgewachsen und in Australien gestorben ist?

Tot

Was steht mitten im Feuer und brennt nie an?

Das u

Was ist ein Chirurg?

Ein Aufschneider

Was ist ein Mensch, der immer Ordnung hält?

Nur zu faul zum Suchen

Zwei Zahnstocher laufen mühsam den Berg hoch. Da kommt ein Igel vorbei. »Guck mal«, ruft der eine Zahnstocher erfreut zum anderen, »wir können den Bus nehmen!«

Zwei Igel gehen die Straße entlang. Da sehen die beiden ein Auto mit platten Reifen. Jubelt der eine Igel: »Endlich hat mal einer von uns gewonnen!«

Ein Igel geht die Straße entlang und sieht zwei Zahnstocher am Straßenrand liegen. Traurig schüttelt er den Kopf: »Also, wenn ich weiter so viele Stacheln verliere, hab ich wohl bald eine Glatze.«

»Auf zwei Dinge legen wir hier besonders Wert«, sagt der Chef zum neuen Mitarbeiter. »Punkt Nummer eins: Sauberkeit. Haben Sie Ihre Schuhe draußen an der Fußmatte sauber gemacht?« »Aber selbstverständlich«, antwortet der neue Mitarbeiter. »Punkt Nummer zwei: Ehrlichkeit«, fährt der Chef fort. »Wir haben draußen gar keine Fußmatte liegen.«

»Mami, wie schreibt man Xylofon?« Lange Pause. »Aber Hansi, weißt du das denn nicht: Xylofon schreibt man nicht, das spielt man.«

Der Lehrer ist wütend: »Ich bin hier wohl der Einzige, der arbeitet.«
Ein Schüler leise: »Sie sind ja auch der Einzige, der hier bezahlt wird.«

Tom fragt seinen Kumpel, der eine Stunde früher aushatte: »Na, was gibt's denn heute zu essen?«
Sein Kumpel: »UFOs – Unbekannte fleischähnliche Objekte.«

Der Mann probiert jetzt schon das fünfunddreißigste Paar Schuhe an. Erleichtert ruft er: »Diese hier nehme ich. Sie passen wie angegossen.« Meint der Schuhverkäufer: »Entschuldigen Sie, mein Herr, was Sie da anhaben, sind zwei Schuhkartons.«

»Papa«, ruft Sven aus dem Kinderzimmer, »kann ich bitte noch ein Glas Wasser haben?« »Schlaf jetzt, Sven, du hattest ja schon drei Gläser.« »Ja, ich weiß, aber die haben nicht gereicht, um das Feuer zu löschen.«

Die Nationalmannschaft befindet sich auf dem Flug zu einem Länderspiel in Japan. Aus Langeweile beginnen die Spieler, mit einem Ball zu kicken. Der Pilot hat Probleme, das Flugzeug zu halten, und schickt die Stewardess in den Passagierraum, um für Ruhe zu sorgen. Nach kurzer Zeit kehrt die Stewardess zurück. Der Pilot: »Toll, jetzt ist es hinten endlich ruhig! Wie hast du das bloß angestellt.« Die Stewardess: »Ganz einfach: Ich habe zu den Jungs gesagt: ›Es ist so schönes Wetter, warum spielt ihr nicht draußen?‹«

Nach dem Spiel lobt der Nationaltrainer in der Kabine seine Mannschaft: »Jungs, das habt ihr toll gemacht. Dafür habt ihr euch eine Erfrischung verdient – John, mach mal das Fenster auf!«

Welcher Vogel muss immer Junggeselle bleiben?

Der Wasserhahn. Oder hast du schon mal was von einer Wasserhenne gehört?

»Mensch, Toni, wo hast du denn deine
Armbanduhr gelassen?«
»Die ist bestimmt schon zu Hause.«
»Schon zu Hause? Wieso das denn?«
»Na, weil die doch immer vorgeht.«

Warum trinken Mäuse keinen Alkohol?

Weil sie Angst vor dem Kater haben

Welches Horn kann man nicht blasen?

Das Matterhorn

Wie sagt man Postbote ohne o?

Briefträger

Welcher Lappen taugt nicht zum Putzen?

Der Jammerlappen

Was hat einen Eingang, aber drei Ausgänge?

Der Pullover

Wie teilt man 7 Äpfel zwischen 3 Kindern gerecht auf?

Als Apfelmus

Welche Frage kannst du nie wahrheitsgemäß mit Ja beantworten?

»Schläfst du schon?«

Welche Zeit ist es, wenn man einem Tiger begegnet?

Höchste Zeit abzuhauen

Warum ist eine Giraffe groß und gelb gemustert?

Wenn sie klein und gelb gemustert wäre, wäre sie eine Biene.

Lehrerin: »War jemand von euch beim Fußballspiel?«
Schüler: »Ja, ich, Frau Jaufer.«
Lehrerin: »Und, wie ist das Spiel ausgegangen?«
Schüler: »Wie immer! Pünktlich mit dem Schlusspfiff.«
Lehrerin: »Nein, ich wollte wissen, wie viele Tore es gegeben hat.«
Schüler: »Auch wie immer: auf jeder kurzen Seite des Spielfeldes eines.«

Lehrer: »Jeder Monat im Jahr hat eine besondere Eigenschaft. Wir sagen zum Beispiel ›der warme Juli‹, ›der schöne Mai‹ oder ›der kalte Januar‹. Kann mir jemand noch ein anderes Beispiel nennen?«
Schüler: »Ja, Herr Schütz. Der dumme August.«

Als es im Elefantengehege im Zoo einen Riesenknall gibt, sind alle schrecklich aufgeregt. Alle bis auf den Tierpfleger. Der geht zum Elefanten hin und schimpft: »Hey, wir haben doch schon tausendmal besprochen, dass du beim Kaugummikauen die Blasen nicht platzen lassen darfst!«

»Du musst leserlicher schreiben«, beschwert sich der Lehrer. Mault Leonie: »Aber dann schimpfen Sie wieder über meine Rechtschreibfehler.«

Familie Müller macht eine Wanderung. Damit es nicht langweilig wird, stellen Vater und Mutter den Kindern jede Menge Fragen zum Thema Verhalten in der Natur. »Was macht ihr, wenn plötzlich ein Gewitter aufzieht?« »Ich lege mich auf den Boden«, antwortet Greta. »Und warum?«, fragt Mama. »Damit der Blitz glaubt, ich bin schon tot«, antwortet Greta.

»Was haben Sie?«, fragt der Arzt den neuen Patienten.
»Eine leere Garage.«
»Das will ich nicht wissen. Was fehlt Ihnen?«
»Ein Auto.«

Ein Eichhörnchen beobachtet im Winter, wie eine Schnecke am Stamm eines Apfelbaums hochkriecht. »Was willst du denn mitten im Winter auf einem Apfelbaum«, fragt es. »Äpfel essen«, antwortet die Schnecke. »Aber da hängen doch keine dran«, meint das Eichhörnchen. »Wenn ich oben bin, schon«, antwortet die Schnecke.

Ein Tourist hat sich mit seinem Jeep in der Wüste verirrt. Er ist sehr glücklich, als er auf eine Karawane trifft. »Entschuldigen Sie bitte«, ruft er dem Karawanenführer zu, »wo geht's zur nächsten Oase?« »Ganz einfach«, erwidert der Karawanenführer, »fahren Sie immer der untergehenden Sonne nach und biegen Sie Donnerstag scharf links ab.«

Unterhalten sich zwei Fußball-Fans vor dem Stadion. Sagt der eine: »Ich wünschte, ich hätte mein Klavier mitgebracht.«
»Warum denn das?«
»Ich habe die Tickets darauf liegen gelassen.«

Fritzchen soll einen Aufsatz über Fußball schreiben. Er überlegt und überlegt. Als ihm nichts einfallen will, schreibt er einfach: »Der Platz war leider nicht bespielbar.«

Fernsehübertragungen der zweiten Bundesliga werden immer beliebter. Jeder zehnte Bürger schaltet ein – der Rest greift auf handelsübliche Schlafmittel zurück.

Sagt der Chef zum Auszubildenden: »Alle Arbeiter haben die Sommergrippe, der Buchhalter hat sich ein Bein gebrochen, die Sekretärin hatte einen Verkehrsunfall und der Hausmeister muss zu einer Beerdigung – komm, Junge, wir sehen uns jetzt auch das WM-Finale an.«

»Herr Ober, bitte entfernen Sie die vielen Leute an meinem Tisch, ich möchte allein speisen.«
»Aber mein Herr, warum haben Sie dann einen Auflauf bestellt?«

»Wie war das Klavierkonzert gestern Abend?« »Lustig.« »Wieso lustig?« »Als sich der berühmte Pianist Gotthelf Tastengott ans Klavier gesetzt hat, haben alle gelacht.« »Aber warum denn bloß?« »Es stand kein Stuhl da.«

Familie Schulze macht zum ersten Mal Ferien auf dem Bauernhof. Die Bäuerin zeigt den Kindern den Stall. »Und was ist das?«, fragt Linda und zeigt auf einen Melkschemel. »Den braucht man, wenn man Kühe melkt«, erklärt die Bäuerin. »Das gibt's doch nicht!«, ruft Linda erstaunt. »Wie bekommen Sie die Kühe denn dazu, dass sie sich auf diesen kleinen Hocker setzen?«

Welcher Hut passt auf keinen Kopf?

Der Fingerhut

Wie bekommt man vier Flusspferde in ein Auto?

Gar nicht, weil schon vier Elefanten drinsitzen.

Warum steht der Flamingo auf einem Bein?

Wenn er auch noch das zweite
hochzieht, fällt er um.

Welchen Vornamen hat das Reh?

Kartoffelpü

Welches Bett ist immer nass?

Das Flussbett

Was ist der Unterschied zwischen einem
Saxofon und einem Päckchen Mehl?

Blas doch mal rein, dann weißt du es.

Was ist der Unterschied zwischen einem
Bäcker und einem Teppich?

Der Bäcker muss um 4 Uhr aufstehen, der
Teppich kann liegen bleiben.

Wie kann man
Schweinefleisch am
besten frisch halten?

Indem man das Schwein
am Leben lässt

Ein Wachhund zum anderen: »Hörst du nichts?«
»Doch.« »Warum bellst du dann nicht?« »Na, dann höre ich doch nichts!«

Treffen sich zwei Karpfen. Fragt der eine: »Was machst du heute Nachmittag?« Antwortet der andere: »Ich glaube, ich gehe schwimmen!«

Kommt ein Huhn in einen Lebensmittelladen: »Drei Eierkartons, bitte. Wir wollen verreisen und die Kinder mitnehmen.«

»Meine Mutter reitet aus
Schlankheitsgründen.«
»Und hilft's?«
»Ja, das Pferd hat schon zehn
Kilo abgenommen.«

Marie: »Mama! Heute haben wir in der Schule gelernt, wozu die Bienen gut sind.«
Mutter: »Und, wozu sind sie da?«
Marie: »Sie wischen den Staub von den Blumen!«

Max und Merle liegen morgens noch lange im Bett. Plötzlich meint Max ganz leise zu Merle: »Du, ich glaube, wenn Mama uns nicht bald weckt, dann kommen wir heute zu spät in die Schule.«

Die Lehrerin ist sauer: »Tim, ich habe dir doch gestern eine ganz klare Aufgabe gestellt. Sie lautete: Wenn ein Mann in einer Stunde 5 Kilometer geht, wie lange braucht er dann für 82 Kilometer? Wo ist deine Lösung?« »Tut mir leid, Frau Meier, ich kann's Ihnen noch nicht sagen. Mein Vater ist noch unterwegs.«

Wo wurde die Nationalmannschaft erstmals schriftlich erwähnt? – Im Alten Testament. Dort steht: »Sie trugen seltsame Gewänder und wandelten ziellos umher.«

In der Arbeitsagentur fragt der Beamte: »Wie viele Arbeitsstellen hatten Sie in den letzten zwei Jahren?«
»Sieben.«
»Sie sind also Gelegenheitsarbeiter?«
»Nein, Fußballtrainer.«

Die Frau zum Mann: »Ich verstehe nicht, warum du jeden Samstag zum Fußballspiel rennst!«
»Eben! Und wenn man eine Sache nicht versteht, dann soll man sich raushalten!«

Anna geht eine Allee lang, als sie plötzlich eine Stimme hört: »Hallo, hallo!« Anna schaut sich um, kann aber niemanden entdecken. »Hallo«, tönt es wieder, »genau dich meine ich, ich sitze hier oben im Baum.« Anna schaut nach oben, kann aber immer noch keinen sehen. »Hast du vielleicht eine weinende Frau mit einem Käfig gesehen? Ich bin der Papagei!«

Oma bekommt eine Ansichtskarte aus dem Skiurlaub: »Hier ist die Heizung ausgefallen. Nun ist es so kalt, dass man beim Zähneputzen nur die Bürste halten muss. Den Rest erledigen die Zähne von selbst.«

»Mami, Mami, Papa muss 2000 Euro Strafe bezahlen, weil er bei Grün über die Ampel gefahren ist.«
»Das ist aber doch nicht verboten?!« »Na ja, die Ampel alleine hat schon 1500 Euro gekostet.«

Klagt Ilse: »Friederike und ich verstehen uns am Telefon einfach nicht.« Meint Fritz: »Habt ihr denn schon mal versucht, abwechselnd zu sprechen?«

Kerim kommt nach dem Fußballtraining nach Hause und setzt sich an den Abendbrottisch. »Pass auf, Kerim, dein linkes Bein ist voller Dreck und Matsch, geh dich erst mal waschen«, bittet seine Mutter. »Oh«, meint Kerim verdutzt, »da hab ich wohl im Gedrängel unter der Dusche das Bein von einem anderen gewaschen.«

Tante Tilli bei ihrem Arzt: »Es muss das Alter sein. Immer wenn ich Kaffee trinke, habe ich so ein Stechen im rechten Auge.« »Dann nehmen Sie doch mal den Löffel aus der Tasse!«

Welche Kunden werden nicht bedient?

Die Sekunden

Warum können Gespenster nicht lügen?

Weil sie so gut zu durchschauen sind

Was versteht man unter einer viel befahrenen Autobahnbrücke?

Wenig, es ist einfach zu laut.

Rührt man den Tee mit der rechten oder der linken Hand um?

Weder noch. Man nimmt einen Löffel.

Warum sind Fische glitschig?

Damit es nicht quietscht, wenn sie um die Ecke schwimmen.

Welches Pferd braucht kein Stroh und Heu?

Das Steckenpferd

Welche Äpfel soll man nicht essen?

Die Pferdeäpfel

Warum wedelt der Hund mit dem Schwanz?

Weil ja schlecht der Schwanz mit dem Hund wedeln kann

»Warum schlüpfen die Küken aus den Eiern?«, fragt Valentin.
»Na, ist doch klar«, meint Paula, »damit sie nicht mitgekocht werden!«

Ein Schwein und ein Pferd treffen sich im Meer beim Baden. Sagt das Schwein: »Seepferdchen hab ich mir aber anders vorgestellt.«
Darauf das Pferd: »Und ich mir Meerschweinchen.«

»Wenn ein Stück Land ins Meer
ragt, ist das eine Landzunge.
Wie nennt man es aber,
wenn umgekehrt ein Stück
Meer ins Land hinein-
ragt?«, fragt die Lehrerin.
Artur meldet sich: »Dann
ist das eine Seezunge!«

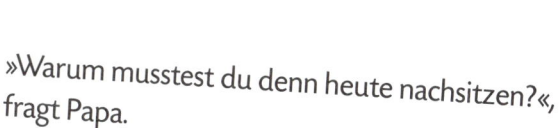

»Warum musstest du denn heute nachsitzen?«,
fragt Papa.
»Ich habe mich geweigert, jemanden zu
verpetzen«, antwortet Jens.
»Das war doch nur fair von dir«, meint der
Vater, »um was ging es denn?«
»Der Lehrer wollte unbedingt wissen,
wer der Mörder von Julius Cäsar war.«

»Stell dir vor, ich war mal ein Zwilling, Papa«, sagt Anna stolz. »Das wüsste ich aber«, meint der, »wie kommst du denn darauf, Anna?« »Mama hat gesagt: ›Morgen gucken wir uns mal Fotos an, als du noch zwei warst.‹«

Luise schreibt einen Geburtstagsbrief für Opa: »Prima«, lobt Mama sie, »aber wieso hast du denn so riesige Buchstaben gemacht?« »Na, ich musste doch ganz laut schreiben, weil Opa schwerhörig ist«, sagt Luise.

Im Musikunterricht fragt die Lehrerin: »Wer kann mir Streichinstrumente nennen?« »Die Geige«, antwortet Lars. »Richtig«, lobt die Lehrerin, »und wer kennt noch eins?« Nils meldet sich und kommt dran: »Der Pinsel!«, ruft er strahlend.

Ein Mann rennt die Straße entlang und ruft einem anderen zu: »Wo geht's denn hier zum Theater?« »Geradeaus«, ruft der zurück. »So ein Mist«, flucht der Mann, »da will ich einmal ins Theater, und dann ist es gerade aus.«

»Nora, hast du deine Buchstabennudelsuppe schon aufgegessen?« »Noch nicht ganz, bin erst bei S.«

Wer war die erste Fußballmannschaft? –
Jesus und seine Jünger. In der Bibel heißt
es: »Jesus stand im Tor und seine Jünger
standen abseits.«

Auf was für ein Tor sollte
man mit dem Fußball
nicht schießen? – Na,
auf den Rek-tor!

Fragt der Nachwuchsspieler den Manager eines Fußballvereins: »Wie viel Geld bekomme ich pro Monat, wenn ich für euch spiele?« »5 000 Euro. Später gibt es mehr.« »Gut, dann komme ich später wieder.«

Ein Mann tritt auf den jungen Fußballspieler zu und sagt zu ihm: »Ich habe Sie beim Spielen beobachtet und denke, ich kann Ihnen helfen.« »Oh, sind Sie Trainer?« »Nein, Optiker!«

Was hat acht Beine, zwei Schwänze und hört nichts?

Zwei taube Mäuse

Was ist schwarz und weiß und schwarz und weiß und schwarz und weiß?

Ein Pinguin, der einen Berg runterrollt

Was hängt an der Wand und gibt jedem die Hand?

Das Handtuch

Welches Gewicht will keiner verlieren?

Das Gleichgewicht

Sagt die Lehrerin im Deutschunterricht: »Wenn ich sage, ich bin 9 Jahre alt gewesen, dann ist das Vergangenheit. Wenn ich aber sage, ich bin 9 Jahre alt, was ist das dann?«
»Eine glatte Lüge«, kommt prompt die Antwort.

»Kann mir jemand fünf Tiere nennen, die am Nordpol leben?«, fragt der Lehrer die Klasse.
»Drei Eisbären und zwei Robben«, ruft Melli.

Jenny fragt ihre Lehrerin: »Kann man für etwas, was man nicht getan hat, auch bestraft werden?«
»Natürlich nicht!«, meint die Lehrerin.
Sagt Jenny: »Prima, ich hab nämlich meine Hausaufgaben nicht gemacht!«

Moni zur Frisörin: »Können Sie mir die Haare heute bitte etwas locken?«
»Ich kann natürlich versuchen, sie zu locken, aber dass sie auch kommen, kann ich wirklich nicht versprechen.«

Was ist eine echt unnütze Sache?
Einem Mann mit Glatze eine haarsträubende Geschichte zu erzählen

Es wird schon dunkel, doch Tim sitzt immer noch mutterseelenallein auf dem Spielplatz. Seine Schwester soll ihn nach Hause holen, aber Tim will nicht mitgehen.
»Timmi, worauf wartest du denn?« »Na, auf meinen Freund Gregor. Ich warte jetzt schon seit 5 Uhr auf ihn – und gleich ist es bereits halb sieben.«
»Wann wart ihr denn verabredet?«, fragt die Schwester.
»Um 4«, brummelt Tim.

Tonaufzeichnung aus dem Cockpit eines Flugzeugs, dessen Pilot das Flugzeug gerade noch rechtzeitig zum Stehen gebracht hat: »Was ist das denn für eine dämliche Landebahn. Gerade mal 100 Meter lang, aber drei Kilometer breit.«

»Und, wie sieht's aus?«, fragt Hannah den Automechaniker in der Werkstatt, wo sie ihren Kleinwagen zur Inspektion abgegeben hat. »Ich sag's mal so«, meint der Mechaniker freundlich, »die Hupe ist wirklich das einzige Teil am Wagen, das keine Geräusche macht.«

Tante Tilli winkt den Polizisten herbei: »Junger Mann, ich hab's eilig. Wenn Sie so nett wären, mir über die Straße zu helfen.« »Gerne, Sie müssten sich nur gedulden, bis die Ampel auf Grün steht.« »Vergessen Sie's«, meint Tante Tilli, »bei Grün kann ich auch alleine rübergehen.«

Für die Holzwurmkinder ist es Zeit, schlafen zu gehen. Ruft die Mutter laut: »Husch, husch, ab ins Brettchen!«

Sagt das Huhn zu dem Schwein: »Wir könnten eine Frühstücks-Firma gründen.« »Und wer liefert was?«, fragt das Schwein. Antwortet das Huhn: »Na, ich die Eier und du den Speck!«

Familie Schulze macht Ferien in den Alpen. Auf einer Wanderung fällt Tochter Victoria auf, dass alle Hütten in den Bergen aus Holz sind. Sagt ihr Bruder Philipp: »Ist doch klar, dass die alle aus Holz sind. Die Steine haben die hier doch alle für die Berge gebraucht.«

»Kommt ihr am Sonntag zum Grillen?« »Gerne. Wenn es aber am Sonntag regnet?« »Dann kommt ihr einfach schon am Samstag.«

»Mama, ich möchte bitte zehn Euro haben.« »Haben, haben, immer willst du nur haben. Denk doch auch mal ans Geben.« »Ist gut, Mama: Kannst du mir bitte zehn Euro geben.«

Lehrerin: »Wie nennt man einen Mann, der durch fremde Erdteile reist und durch unerforschte Wüsten zieht?«
Schüler: »Wüstling?«

Alexander schleppt beim Umzug in der Schule einen schweren Schrank keuchend die Treppe hoch.
Lehrer: »Aber Alexander, ich habe doch ausdrücklich gesagt, dass Franzi und Laura dir bei dieser schweren Arbeit helfen sollen.«
Alexander: »Ja, aber das tun sie doch auch. Sie sitzen beide im Schrank und halten die Ordner fest, damit sie nicht rausfallen.«

Lehrerin: »Tobias, komm mal an die Tafel! Zeig mir auf der Landkarte, wo Amerika liegt!«
Tobias zeigt zielsicher auf Amerika.
Lehrerin: »Gut, und wer hat Amerika entdeckt?«
Bevor Tobias überhaupt antworten kann, ruft die ganze Klasse: »Das war Tobias.«

»Und was geschieht, wenn du eins der zehn Gebote brichst?«, erkundigt sich die Lehrerin im Religionsunterricht. Lennard meint nach kurzem Überlegen: »Na, dann sind's eben nur noch neun!«

Lehrerin: »Was würdet ihr tun, wenn ihr im Urwald eine Schlange seht?«
Schüler: »Ganz ordentlich hinten anstellen.«

Zwei Opas sitzen im Park auf der Bank. »Guck mal, Anton«, meint der eine, »der da drüben, ist der nicht mit uns auf die Grundschule gegangen?« »Mensch, Fritz«, sagt der andere, »du wirst auch immer tüddeliger, auf der Grundschule hatten wir doch keinen mit weißem Vollbart.«

»Opa Fritz, du bist der Allerallerbeste. Wenn ich mal groß bin und einen Jungen bekomme, werde ich ihn ganz bestimmt Opa Fritz taufen.«

Charlotta fragt Hannah: »Wann musst du eigentlich immer ins Bett?« »Um 21 Uhr.« »Das gibt's ja wohl nicht«, empört sich Charlotta, »ich um 20.30 Uhr. Da sind meine Eltern ja noch eine halbe Stunde gemeiner als deine.«

Ein Vater und sein dreijähriger Sohn gehen ins Fußballstadion. Damit der Junge etwas sieht, darf er sich auf die Schultern des Erwachsenen setzen. Fünf Minuten nach Spielstart brüllt das Kind: »Abseits!« Wiederum fünf Minuten später: »Foul!« Und noch mal fünf Minuten später: »Elfmeter!« Plötzlich nimmt der Vater seinen Sohn von den Schultern und gibt ihm eine Ohrfeige. Sagt ein danebenstehender Mann: »Was ist denn los? Der Kleine hat doch Ahnung von Fußball.« Antwortet der Vater: »Das schon. Aber wenn er ›Abseits‹, ›Foul‹ und ›Elfmeter‹ brüllen kann, könnte er mir doch auch sagen, wenn er Pipi machen muss.«

Herr und Frau Gruber sitzen glücklich im Restaurant. Endlich ein Abend ohne Kinder. Für alle Fälle legt Frau Gruber das Handy neben ihren Teller. Mitten beim Hauptgericht kommt eine SMS vom Babysitter. »Alles im Griff. Nur eine Frage: Soll ich der Feuerwehr Trinkgeld geben?«

Ein Mann spricht den Angler an: »Gratulation! Da haben Sie ja einen ganzen Eimer voll! Haben Sie die Fische denn alle alleine geangelt?« Der Angler schüttelt den Kopf: »Aber nein, ich habe einen Wurm, der mir dabei hilft.«

Der Fußballspieler nach einer verlorenen Partie: »Für ein paar Minuten hatten wir gute Chancen, das Spiel zu gewinnen. Doch dann kam der Anpfiff.«

Beim Fernsehabend: »Ach, Susanne, wenn ich Fußball schaue, vergesse ich alles andere.« »Ich heiße übrigens Franziska.«

Meint der Mann zu seiner Frau: »Schade, dass zurzeit so wenig Fußball im Fernsehen läuft.« Darauf sie: »Ist doch klar – bei dem schönen Wetter werden die lieber im Freien spielen.«

Vorsichtig tritt der Briefträger nach dem Klingeln einen Schritt zurück und lacht sich tot, als ihm der Hausbesitzer mit einem winzigen Hund auf dem Arm die Türe öffnet.
»Warum haben Sie denn wegen dem Winzling das Schild ›Vorsicht Hund!‹ angebracht?«, prustet er. »Damit Sie nicht aus Versehen drauftreten«, erwidert der Mann freundlich.

Wer spricht alle Sprachen der Welt?

Das Echo

Was sagt der Tintenfisch zu seinem Schatz?

»Komm in meinen Arm, Arm, Arm, Arm ...«

Was ist fertig und muss doch jeden Tag
gemacht werden?

Das Bett

Woran erkennt man, dass der Mond bewohnt ist?

Daran, dass das Licht brennt.

Wie kann man die Zahl 99 um ein Drittel
verkleinern, ohne etwas wegzunehmen?

Man dreht das Blatt um.

Welcher Stuhl hat kein einziges Bein?

Der Fahrstuhl

Merle geht mit einem Mann in ein Gebäude, kommt heraus und wird beworfen. Welches Kleid hat sie an?

Ein Brautkleid

Wie nennt man jemanden, der sein Brot selbst backt?

Eigenbrötler

Welcher Tiger muss eine Brille tragen?

Ein Kurzsichtiger

»Papa, ist es noch lange bis Weihnachten?«
»Ja, wieso fragst du?« »Sagst du mir rechtzeitig Bescheid, damit ich mit dem Liebsein
anfangen kann?«

Ein Pferd steht auf einer Weide.
Am Zaun hängt ein Schild:
»Bitte das Pferd nicht füttern!
Der Besitzer.«
Darunter klebt ein kleiner Zettel:
»Bitte das Schild nicht beachten!
Das Pferd.«

Warum fahren Elefanten
kein Fahrrad?

Weil sie keinen Daumen zum
Klingeln haben

Das Pferdrennen ist zu Ende. Das letzte Pferd überquert die Ziellinie. Wutentbrannt wendet sich der Pferdebesitzer dem Jockey zu und sagt: »Sie hätten ja auch etwas früher im Ziel sein können.«
Darauf der Jockey: »Ich weiß, aber ich musste ja leider beim Pferd bleiben.«

Was ist grün, glücklich und hüpft von Grashalm zu Grashalm?

Eine Freuschrecke

»Wer von euch weiß denn, was Mumien sind?«, fragt der Lehrer in der dritten Klasse. Meldet sich Anton: »Eingemachte Könige.«

Die Kinder sollen in der Schule ein Pferd malen. Nur Lina gibt ein weißes Blatt ab.
»Was soll das denn sein?«, fragt die Lehrerin. Lina: »Das Pony hat gefressen und gefressen, bis das Bild leer war, und dann ist es weitergegangen!«

Ein Ritter reitet in voller Rüstung durch Afrika. Ein hungriger Löwe sieht ihn und denkt sich: »Mist, ich hab den Dosenöffner vergessen!«

Warum schämt sich das Ferkel?

Weil seine Mutter eine Sau ist

Zwei Pferde stehen vor einer Pferdebox. Sagt das eine: »Morgen früh stehe ich extra früh auf und schreibe an deine Tür ›Du bist ein dummer Esel.‹« Antwortet das andere: »Dann steh ich noch viel früher auf und wische es wieder weg!«

Bereits sieben Spiele in Folge verloren. Ein Freund rät dem Trainer: »Lass deine Spieler eine Woche lang jeden Tag 15 Kilometer laufen.« »Wozu soll das gut sein?« »Am Ende der Woche sind sie über 100 Kilometer weit weg und du bist sie los!«

Kommt ein Mann zum Stadion und will ein Ticket lösen. Er fragt die Kassiererin: »Was bitte kostet ein Stehplatz für das Spiel Hertha gegen Schalke?«
»20 Euro.«
»Hier haben Sie 10 Euro.«
»Aber das ist ja nur die Hälfte des Betrags!«
»Ja, mich interessiert nämlich nur, wie Hertha spielt.«

Der Trainer motzt nach dem verlorenen Spiel: »Ich habe vor dem Spiel zu euch gesagt: ›Spielt, wie ihr noch nie zuvor gespielt habt!‹, und nicht: ›Spielt, als ob ihr noch nie zuvor gespielt habt!‹«

Warum fährt der Mannschaftsbus des Tabellen-letzten in der Bundesliga immer mit überhöhter Geschwindigkeit? – Die Mannschaft will unbedingt ein paar Punkte holen.

»Und«, fragt Conny ihre Freundin Meike nach den Ferien, »hast du jetzt Wellenreiten ausprobiert? Wie war's?« »Also ich fand's nicht so toll«, meint Meike, »es war unglaublich mühsam, das Pferd ins Wasser zu treiben.«

»Sag mal, Lina, gehst du eigentlich gern zur Schule?«, fragt die Oma ihre Enkelin. »Oh ja, ich gehe sogar sehr gern zur Schule und supergerne wieder nach Hause. Es ist eigentlich nur der Teil dazwischen, der mir nicht gefällt.«

Die Lehrerin guckt entnervt zu Fabio, der ununterbrochen lautstark die Nase hochzieht. »Fabio«, fragt sie schließlich, »hast du denn kein Taschentuch?« »Doch«, antwortet Fabio, »aber ich verleihe es nicht.«

Was macht ein Gespenst, das sich den Magen ver- dorben hat?

Es spukt.

Was sagen Löwenkinder, wenn sie Touristen im Jeep durch die Savanne fahren sehen?

»Ach nee, nicht schon wieder Futter aus der Dose.«

Aus welchen Gläsern kann man nicht trinken?

Aus Brillengläsern

Was ist, wenn der Briefträger in den Schnee fällt?

Winter

Wer trägt den Namen auf dem Rücken?

Das Buch

Der Gemüsehändler an der Ecke ist 1,83 Meter groß, hat einen Brustumfang von 98 Zentimetern und trägt Schuhgröße 44. Was wiegt er?

Das Gemüse

Ein Einbrecher bricht in eine Villa ein. Plötzlich hört er eine Stimme, die sagt: »Jesus und ich können dich sehen.« Da fragt der Einbrecher: »Wer bist du?« »Herbert!«, kommt die Antwort. Erleichtert erwidert der Einbrecher: »Das ist aber ein blöder Name für einen Papagei.« Darauf sagt der Papagei: »Jesus ist aber auch ein bekloppter Name für einen Kampfhund.«

Der Religionslehrer möchte den Kindern den Begriff »Versuchung« klarmachen. Es will und will ihm nicht gelingen. Schließlich sagt er zu Lilli: »Sag mal, Lilli, bist du noch nie in Versuchung gewesen, mit einem Messer Geld aus dem Schlitz deiner Sparbüchse herauszuangeln?« – »Nein«, sagt Lilli und grinst über das ganze Gesicht, »aber die Idee ist richtig gut, Herr Basler.«

Ein Schüler schläft im Unterricht. Der Lehrer weckt ihn: »Ich kann mir nicht vorstellen, dass das der richtige Platz zum Schlafen ist!« Darauf der Schüler: »Ach, es geht schon. Sie müssen nur leiser sprechen!«

Die Bäuerin führt die Urlaubsgäste herum. »Sie werden sich prächtig erholen, die gute Luft, das gute Essen und die Stille, morgens werden Sie von nichts außer dem Hahn geweckt!« »Dann stellen Sie den Hahn doch bitte auf 10 Uhr!«

Ein Gast ruft den Kellner heran: »Sagen Sie, ist das die Salatplatte für zwei Personen, die wir bestellt hatten?« Der Kellner bejaht. Fragt der Gast: »Und wo ist dann die zweite Schnecke?«

Zwei Mädchen gehen erst um 11 Uhr abends von einer Party heim.
Sagt die eine: »Jetzt wird meine Mutter vor Wut kochen.«
Sagt die andere: »Du hast es gut, ich krieg um diese Zeit nie was Warmes.«

Wer wird gefeuert, wenn er bei Rot über die Ampel geht?

Der Blindenhund

Welcher Bus braucht keinen Fahrer?

Der Globus

Wo ist man erst richtig drin, wenn man mit den Füßen draußen ist?

In der Hose

Welche Kehle bringt keinen Ton heraus?

Die Kniekehle

Was gebe ich dir und es bleibt doch bei mir?

Meine Hand

Welches Tal gefällt den allermeisten Menschen am besten?

Das Kapital

Familie Schulze macht mit ihrer Tochter Victoria Ferien auf dem Bauernhof. Die Bäuerin führt sie herum und erzählt vom Landleben: »Wir müssen morgens früh raus zum Melken, deshalb gehen wir alle immer mit den Hühnern schlafen.« Victoria bricht in Lachen aus: »Das sieht bestimmt lustig aus, wenn ihr abends alle auf die Hühnerstange klettert.«

Ein Pferd guckt sich ein Pferderennen an und fragt einen Artgenossen: »Sag mal, warum laufen die denn alle so schnell?«
»Der Schnellste bekommt einen Preis.«
»Ach so! Und warum laufen die anderen?«

Ein Kuckuck fällt ins Wasser.
Sagt der Hai: »Kuckuck!«
Sagt der Kuckuck: »Hai!«

»Papa«, schluchzt das Glühwürmchen, »der Lehrer hat gesagt, dass ich nie eine große Leuchte werde!«

»Kannst du mir den Begriff ›Heuchelei‹ erklären?«, wendet sich die Lehrerin an Mats. Der überlegt eine Weile und nickt dann: »Das wäre so, als wenn ich jeden Tag fröhlich pfeifend zur Schule käme!«

Fragt ein Zuschauer beim Länderspiel seinen Nachbarn: »Warum pfeift der Schiedsrichter denn heute mit den Fingern?«
»Er ist Schotte.«

Meint der Trainer nach dem Fußballspiel zum Radio-Reporter: »Könnten Sie das nächste Mal vielleicht etwas langsamer sprechen? Meine Spieler können nicht so schnell laufen, wie Sie reden!«

Ein schottischer Fußballspieler soll dem Schiedsrichter mal eine Münze für die Seitenauslosung geliehen haben. Als Sicherheit verlangte er dessen Pfeife.

Die eine Kuh fragt die andere: »Warum wackelst du denn so mit dem Euter?« Sagt die andere: »Festvorbereitungen: Ich mache nachher eine kleine Feier mit Kaffee und Kuchen und wollte schon mal Sahne schlagen!«

Lehrer: »Georg, wo ist denn dein Hund? Du bist doch jeden Tag mit ihm zur Schule gekommen.«
Georg: »Ich musste mich von ihm trennen.«
Lehrer: »Warum?«
Georg: »Er hat das Abitur bestanden – ich nicht.«

Tim fragt seinen Papa: »Papa, haben Schlangen eigentlich einen Schwanz?« »Oh ja«, ist die Antwort. »Ein Schwanz ist eigentlich das Einzige, was sie haben.«

Auf der Polizeiwache klingelt das Telefon. »Kommen Sie sofort, es geht um Leben und Tod. Hier in der Wohnung ist eine Katze.« Der Polizist: »Aber das ist doch kein Grund zur Sorge. Wer ist überhaupt am Apparat?« »Der Papagei.«

»Hast du noch Geschwister, mein Junge?«, wird Ferdinand gefragt. »Nö«, antwortet er: »Ich bin alle Kinder, die wir haben.«

Zwei Hunde treffen sich.
Bellt der eine: »Wuff.«
Antwortet der andere:
»Kikeriki.«
Fragt der erste:
»Was ist mit dir los?«
Sagt der andere:
»Heutzutage muss man
Fremdsprachen können!«

Zwei Regenwurmfrauen treffen
sich im Beet.
»Wo ist eigentlich Ihr Mann?«, will
die eine wissen. »Den habe ich schon
so lange nicht mehr gesehen.«
»Ach«, stöhnt die andere, »ich fürchte,
der ist beim Angeln.«

Ein Pinguinkind sitzt in Australien im Beutel einer Kängurumutter und wimmert: »Blöde Schaukelei! Ist mir übel!« Tausende Kilometer entfernt, am Südpol, sitzt ein Kängurukind auf einer Eisscholle und jammert: »Ist mir kalt! Blöder Schüleraustausch.«

»Bitte, bitte, Mutti, ich will soooo gerne ein Nilpferd als Haustier haben.« »Aber Schatz, das geht doch gar nicht, wie stellst du dir das eigentlich vor?« »Wir gehen einfach in den Zoo und klauen eins.« »Aber Schätzchen, die sind doch abgezählt.«

Auf der Feier zum hundertjährigen Bestehen der Firma Eiermann hebt der Chef sein Glas und blickt stolz in die Runde: »Die Firma Eiermann & Söhne lässt sich nicht lumpen und spendiert großzügige Gehaltserhöhungen für alle, die von Anfang an dabei waren.«

»Wie alt«, wendet sich der Mathelehrer an Robert, »ist jemand, der 1921 geboren wurde?« Antwortet Robert triumphierend: »Die Frage kann ich so nicht beantworten, da müssen Sie schon ein bisschen genauere Angaben machen: Mann oder Frau?«

In welchem Monat essen Kleinkinder am wenigsten?

Im Februar

Wer reist immerzu kostenlos um die Welt?

Der Mond

Welches Rad dreht sich nicht, wenn ein Auto in eine Rechtskurve fährt?

Das Reserverad

Was steht zwischen Berg und Tal?

Das Wort »und«

In welchem Fall ist 3 +3 = 7?

In gar keinem

Warum hat die Giraffe einen so langen Hals?

Weil der Kopf so weit oben ist

Welche ist die gefährlichste Jahreszeit?

Das Frühjahr: Die Saat
schießt und die Bäume
schlagen aus.

Welche Zwillingsbrüder wohnen ganz nah
beieinander und werden sich trotzdem ihr
Leben lang nicht sehen?

Die Ohren

Was sagte der Architekt, als er den
Turm von Pisa plante?

»Wird schon schiefgehen.«

Das Mäusekind Nora sieht eine Fledermaus. »Papa«, ruft sie aufgeregt, »schau mal, ein Mäuseengel!«

Das Mückenkind kommt von seinem allerersten Flug ohne seine Mama zurück. Fragt die Mutter: »Und, wie war denn dein erster Flug?« Antwortet das Mückenkind: »Super: Überall, wo ich hingekommen bin, haben die Leute geklatscht!«

Ein Mann betritt eine Zoohandlung und will einen Papagei kaufen. »Verstehen Sie denn etwas von Papageien?«, möchte der Verkäufer wissen. »Na klar«, antwortet der Mann, »aber nur wenn sie langsam sprechen.«

Luise betritt eine Zoohandlung und will einen Papagei kaufen. Strahlt der Verkäufer: »Wir haben gerade neue Papageien bekommen, einer kann sogar Fremdsprachen.« Der Verkäufer zeigt Luise stolz den Papagei und erzählt: »Wenn du ihn am rechten Bein ziehst, spricht er Chinesisch, wenn du ihn am linken Bein ziehst, spricht er Japanisch.« Fragt Luise: »Und wenn ich ihn an beiden Beinen ziehe?« Antwortet der Papagei: »Dann fall ich auf den Hintern, du Dummkopf!«

Lehrer: »Simon, warum können Fische nicht sprechen?«
Simon: »Klarer Fall, Herr Wolf! Reden Sie doch mal, wenn Sie den Mund voller Wasser haben.«

»Liliane, nenne mir bitte sechs Dinge, in denen Milch enthalten ist!«
»Butter, Käse ... und vier Kühe!«

Treffen sich zwei Spinnen. Sagt die eine:
»Du, ich bin im Moment nicht erreichbar.«
»Wieso?«, fragt die andere.
»Ich hab zurzeit kein Netz.«

Sagt eine Schlange zur anderen:
»Du, weißt du, ob wir giftig sind?«
»Warum willst du das wissen?«, fragt die andere.
Antwortet die erste Schlange: »Weil ich mir gerade
auf die Zunge gebissen habe.«

Mama Schnecke bittet Papa
Schnecke, einen Joghurt zu holen.
Papa Schnecke kommt nach
acht Stunden völlig erschöpft
ohne Jogurt wieder und fragt:
»Was wolltest du noch mal, Erdbeere oder Kirsche?«

Elefant und Maus kommen an eine alte Hängebrücke, die über eine tiefe Schlucht führt. Sagt die Maus: »Lass mich mal vorgehen und ausprobieren, ob die Brücke hält. Wenn ich drüben ankomme, ohne dass sie zusammenbricht, kannst du ja nachkommen.«

»Mona, was kannst du mir über das Tote Meer erzählen«, fragt die Lehrerin. »Oh«, sagt Mona erschrocken, »ich wusste bisher nicht mal, dass es krank war.«

Zwei Frauen warten an der Straßenbahnhaltestelle. Fragt die eine: »Wissen Sie, wann die Bahn kommt?« Sagt die andere: »Kann nicht mehr ewig dauern. Die Schienen liegen ja schon.«

Wer waren die ersten Fußballspieler? –
Der liebe Gott und Noah. In der Bibel sagt
Gott zu Noah: »Geh in den Kasten, ich
mache Sturm!«

Was ist der Unterschied zwischen einem Bankräuber und einem Weltklassestürmer? – Ganz
einfach: Der Bankräuber sagt: »Geld her oder ich
schieße!« Der Stürmer sagt: »Geld her oder ich
schieße nicht!«

Paula: »Ich will nicht in die Schule. Immer wenn die Lehrerin nicht mehr weiterweiß, fragt sie mich.«

Lehrer: »Wie ist deine neue Brille – kurz- oder weitsichtig?«
Schüler: »Weder noch. Sie ist durchsichtig.«

Tatjanas Mutter sitzt in der Eltern-sprechstunde betrübt der Lehrerin gegenüber: »Aber es kann doch nicht sein, dass meine Tatjana zu nichts zu gebrauchen ist.« »Ach, das würde ich so nicht sagen«, meint die Lehrerin beruhigend, »ich kann Tatjana ganz häufig als abschreckendes Beispiel für die Mitschüler gebrauchen.«

Beschwert sich der Gast. »Mein Teller ist ganz feucht!« Antwortet die Bedienung. »Was wollen Sie denn, Sie hatten doch Suppe bestellt, oder?«

Die ängstliche Fledermaus fragt im Schloss einen Hund: »Und du bist dir sicher, dass es hier keine Gespenster gibt?!«
»Klar! Ich wache hier schon seit 500 Jahren und habe hier noch nie ein Gespenst gesehen!«

Erklärt der Lehrer: »Wörter, die mit ›un-‹ anfangen, bedeuten immer etwas Schlechtes, wie ›Unfrieden‹ oder ›unangenehm‹. Kennt ihr noch ein Beispiel?« Fritz meldet sich und sagt: »Ich kenn noch eins: Unterricht!«

Lehrerin: »Du siehst übermüdet aus. Wie viele Stunden schläfst du denn täglich?«
Schüler: »Höchstens drei bis vier Stunden, Frau Delling.«
Lehrerin: »Das ist doch viel zu wenig.«
Schüler: »Mir genügt es, denn in der Nacht schlafe ich ja auch noch zehn Stunden.«

Frau Müller sagt stolz zu ihrer Nachbarin: »Mein Hund kann mich schon auf fünfzig Meter riechen.« Sagt die Nachbarin: »Dann würde ich mich aber mal waschen.«

Fragt der eine Astronaut den anderen: »Weißt du, wohin wir fliegen?« »Ja, zur Sonne.« »Auweia, da ist es aber doch viel zu heiß.« »Am Tag schon, aber wir fliegen ja nachts.«

»Und wie fandest du den Messerwerfer«, fragt Paul Mama nach der Zirkusvorstellung. »Super«, sagt die, »immer knapp an seiner Assistentin vorbei!« »Fand ich nicht super«, meint Paul kritisch, »knapp daneben ist auch vorbei!«

»Mir ist langweilig«, quengelt Christina. »Dann geh doch mal wieder zu Tim rüber«, schlägt Papa vor, »ihr habt doch in den Ferien immer Karten zusammen gespielt.« »Würdest du denn Karten mit jemandem spielen, der immerzu schummelt?«, fragt Christina. »Nein«, sagt Papa, »da hätte ich bestimmt keine Lust dazu.« »Siehst du«, meint Christina, »Tim auch nicht.«

Ein Mittelstürmer hustet und niest ununterbrochen. Fragt ein Zuschauer auf der Tribüne
den anderen: »Warum ist der denn krank?«
»Na, ist doch kein Wunder – er steht doch
die ganze Zeit im Sturm.«

Ein Hooligan muss vor Gericht erscheinen. Fragt
der Richter: »Was genau hat der Angeklagte nach
dem Fußballspiel in den Fluss geworfen?«
»Kiesel.«
»Aber das ist doch nichts
Schlimmes.«
»Nun ja, Kiesel hieß der
Schiedsrichter.«

Sagt der Zahnarzt zu seinem Patienten:
»Eine Bitte: Schreien Sie mal ganz laut.«
»Warum?«
»Im Wartezimmer sind so viele Leute –
und ich will nachher noch zum Fußballspiel.«

Der Sportlehrer: »Zum
Fußballspielen braucht man
Ausdauer, Kraft, Geschick-
lichkeit ... und was noch?«
»Einen Fußball, Herr Lehrer.«

Der Trainer spricht nach dem verlorenen Fuß-
ballspiel den Schiedsrichter an: »Sagen Sie mal:
Wie heißt eigentlich Ihr Hund?«
»Ich habe gar keinen Hund.«
»Oh, das tut mir leid – blind, aber keinen Hund!«

Zwei reiche Damen unterhalten sich über ihre Haustiere. »Unsere Mitzi setzt sich nur noch auf Kissen mit Goldstickerei«, meint die eine. »Ach das ist ja noch gar nichts«, meint die andere, »unsere Fische mögen nur noch Ameiseneier. Anfangs haben wir sie ihnen weich gekocht, aber mittlerweile essen sie sie nur noch als Spiegelei.«

Als Lukas nach Hause kommt, findet er auf dem Boden vor dem Regal ein Zeugnis. Er sagt zu seinem Vater: »Guck mal, Papa! Ein Zeugnis!«
Der Vater liest und ist entsetzt:
»Englisch Fünf?«
»Aber Papa ...«
»Mathe Fünf?«
»Aber Papa ...«, versucht Lukas zu unterbrechen«.
»Und Deutsch Sechs? Was wird nur deine Mutter dazu sagen! Die unterrichtet doch selbst Deutsch. Zur Strafe für dieses miserable Zeugnis musst du vier Wochen Rasen mähen!«, sagt der Vater streng.
»Aber Papa«, antwortet Lukas, »das ist doch ein altes Zeugnis von dir, das ich auf dem Boden gefunden habe.«
»Oh!,« sagt der Vater, »dann geh ich wohl mal Rasen mähen ...«

Fiona Filmstar liegt am Pool ihrer Villa, als ihre Assistentin angerannt kommt: »Miss Fiona, Miss Fiona, es brennt in Ihrem Wohnzimmer.« »Dann informieren Sie bitte umgehend Fernsehen, Radio und Presse. Fehlt noch jemand? Ach ja, wenn Sie alle erreicht haben, rufen Sie bitte die Feuerwehr an.«

»Mama, ich glaub, du musst mal in die Schule gehen und der Direktorin sagen, dass unsere Lehrerin nichts taugt.« »Ja, aber wieso das denn, Lisa?« »Vorgestern hat sie uns erklärt, 4 plus 4 ergibt 8, und heute erzählt sie uns das Gleiche mit 5 plus 3.«

»Auf Island ist der Eyjafjallajökull ausgebrochen.« »Und – haben sie ihn schon wieder eingefangen?«

Wer trägt seinen Pelz sogar im Bett?

Der Faulpelz

Mit welchem Ball kann man nicht spielen?

Mit dem Erdball

Welche Säge hinterlässt
keine Späne?

Die Nervensäge

Wer tritt uns ungestraft
ins Gesicht? Der Schweiß

Abends kommen sie, aber niemand bringt
sie, morgens sind sie weg, aber niemand
hat sie versteckt.

Die Sterne

Ein Esel trifft ein weinendes Schwein.

»Warum weinst du?«, fragt der Esel.

»Wie soll ich nicht weinen«, sagt das Schwein. »Wenn die Menschen schimpfen, benutzen sie fortwährend meinen Namen. Hat irgendjemand gelogen, sagen sie: ›Er ist ein Schwein.‹ Hat jemand einen anderen betrogen, sagen sie: ›Er ist ein Schwein.‹ Hinterlässt jemand Schmutz und Unordnung, sagen sie: ›Er ist ein Schwein!‹« Erwidert der Esel mitfühlend: »Ja, das ist wirklich eine Schweinerei.«

Fiona Filmstar gibt ein Interview anlässlich ihrer Hochzeit. Fragt der Reporter: »Fiona, bisher haben Sie immer Schauspielerkollegen geheiratet und nun einen Politiker. Ist das jetzt das große Glück?« »Oh ja«, schwärmt Fiona, »ab jetzt werde ich nur noch Politiker heiraten.«

Lehrer: »Kinder, kommt weg vom offenen Fenster. Wenn einer rausfällt, will es nachher wieder keiner gewesen sein.«

Lehrer: »Welchen Nutzen hat die Sonne?«
Schüler: »Überhaupt keinen! Nachts scheint sie nicht und am Tag ist es sowieso hell.«

Am ersten Schultag fragt die Lehrerin den kleinen Jungen: »Und wie heißt du?«
»Lutz.«
»Und weiter?«
»Spielt keine Rolle. Nennen Sie mich ganz einfach Lutz.«

Romy hat schulfrei bekommen. Mama ist neugierig: »Na, was hat denn deine Lehrerin gesagt, als sie hörte, dass du Zwillingsbrüder bekommen hast?«

»Och, Mama«, gesteht Romy, »von dem Zweiten hab ich ihr noch gar nicht erzählt. Den heb ich mir für die nächste Woche auf ...!«

»Na, mein Junge, wie gefällt dir denn der Englischunterricht?«, fragt Opa.

»Ach, eigentlich ganz gut. Wenn bloß nicht so viele Fremdwörter vorkommen würden ...«, antwortet Hannes.

Im Matheunterricht. »Wenn ihr 15 Euro in eure Hosentasche steckt und unterwegs ein Zweieurostück und drei Eineurostücke verliert, was habt ihr dann in der Tasche?« Olga ruft: »Ein großes Loch.«

Frau Gerlach fährt morgens mit dem Bus zur Arbeit. Es ist ein grässliches Gedrängel und leider hat Frau Gerlach wie so oft keinen Sitzplatz bekommen. Sie fragt den Mann, der neben ihr steht: »Junger Mann, wie alt sind Sie?« »24«, antwortet der. »Und da fühlen Sie sich nicht alt genug, um auf eigenen Füßen zu stehen?« »Wieso denn das«, empört sich der junge Mann, »selbstverständlich kann ich auf eigenen Füßen stehen.« »Dann gehen Sie doch mal von meinen runter«, antwortet Frau Gerlach.

Zwei Männer treffen sich. Der eine ist auffällig dick, der andere auffällig mager. Sagt der Dicke: »Wenn man dich so anschaut, könnte man denken, eine Hungersnot sei ausgebrochen.« Antwortet der Dünne: »Ja, und wenn man dich so anschaut, könnte man denken, du seist schuld daran.«

Sagt die Schneckenmutter zu ihren Kindern: »Dass mir keiner auf die Straße läuft. In zwei Stunden kommt der Bus.«

Zwei ostfriesische Fußballmannschaften treten gegeneinander an. Nach einer Viertelstunde kommt der Bus und holt die eine Mannschaft ab. In der 70. Minute geht die zweite Mannschaft unter großem Jubel der Zuschauer in Führung.

Ein Schalke-Fan sitzt auf der Terrasse seines Hauses. Als er eine schwarz-gelbe Wespe erblickt, schimpft er: »Zieh bloß das BVB-Trikot aus in meinem Garten!«

Im Fernsehen läuft ein Länderspiel. Andreas sitzt gemütlich auf dem Sofa und sagt zu seiner Frau: »Ein gutes Spiel, bloß schade, dass die Tore fehlen.« Meint sie: »Hast du keine Augen im Kopf? Da stehen doch zwei!«

Alle Kinder spielen Fußball – nur nicht Bert, der ist gesperrt.

Fragt ein Fußballspieler den Pfarrer: »Wird im Himmel eigentlich auch Fußball gespielt?« »Bevor ich diese Frage beantworten kann, muss ich mich erst beim lieben Gott erkundigen. Komme morgen wieder.«
Am nächsten Tag kommt der Fußballspieler erneut zum Pfarrer. Sagt dieser: »Ich habe eine gute und eine schlechte Nachricht für dich. Die gute: Auch im Himmel wird Fußball gespielt. Die schlechte: Im nächsten Heimspiel bist du aufgestellt.«

Eine anspruchsvolle Kundin betritt die Kunst-
galerie und studiert genau alle Bilder, die an der
Wand hängen. Schließlich ruft sie die Galeristin
und sagt mit vernichtender Stimme: »Also,
ich hätte ja gern etwas bei Ihnen gekauft, aber
dass Sie so scheußliche Bilder wie dieses hier
verkaufen, zeigt mir deutlich, dass Sie keinerlei
Geschmack haben.« Antwortet die Galeristin
bestürzt: »Aber gnädige Frau,
das ist kein Bild, das ist unser
Garderobenspiegel.«

Angeber Fatzke erzählt in großer Runde von seinem Safariurlaub in Afrika. »Und wie hast du es dann geschafft, dem Löwenrudel zu entkommen?«, fragt atemlos eine gebannte Zuhörerin. »Tja, schlau muss man sein«, erwidert Fatzke, »ich hab die Viecher einfach verwirrt. Sie kommen brüllend auf mich zu, die Mäuler weit geöffnet. Ich rein in meinen Jeep, blinke links und biege dann aber rechts ab!«

Mama kommt müde von der Arbeit und fragt: »Habt ihr heute denn mal gemeinsam die Küche gemacht, wie ich euch gebeten habe?« »Ja«, ruft Mine, »ich hab das Geschirr abgewaschen.« »Ich hab abgetrocknet«, sagt Ferdinand. »Und ich hab die Scherben weggekehrt«, strahlt Kathinka.

Wer sitzt auf der Wiese, ist grün und macht Muh?

Ein Laubfrosch mit Fremdsprachenkenntnissen

Und wer ist schwarz-weiß-rot, steht auf der Wiese und macht Muh?

Ein Storch, der den Frosch mit den Fremdsprachenkenntnissen gefressen hat

Was hat einen Hals, aber keinen Kopf?

Die Flasche

Welcher Abend fängt schon am Morgen an?

Der Sonnabend

Sagt ein Pferd zum anderen: »Ich habe das Schuften satt!«

»Dann schreib doch an den Tierschutzverein!«

»Bist du verrückt? Wenn der Bauer merkt, dass ich schreiben kann, muss ich auch noch seinen Bürokram machen!«

»Emily, wenn du eine Eins schreibst, bekommst du fünf Euro von mir.«
»Lass uns lieber klein anfangen, Omi. Vielleicht mit einem Euro für eine Fünf.«

Sagt ein Lehrer zum anderen: »Meine Schüler gehorchen mir aufs Wort.«
Seufzt der andere Lehrer: »Das habe ich bis heute noch nicht geschafft. Wie machst du das bloß?«
Sagt der erste: »Ganz einfach! Wenn ich morgens reinkomme, sage ich: ›Macht doch, was ihr wollt.‹ Und genau das machen sie dann.«

Warum können Lehrer nicht auf dem Wasser gehen?
Weil sie nicht ganz dicht sind.

Der Sohn des Theaterbesitzers kommt von seinem ersten Schultag nach Hause. Der Vater fragt: »Elvis, mein Junge, erzähl: Wie war es in der Schule?«

»Großartig, Papa!«, antwortet Elvis begeistert, »bis zum letzten Platz ausverkauft!«

Schüler: »Frau Schulten! Ich habe ein Problem.«

Lehrerin: »Was bedrückt dich denn?«

Schüler: »Ich höre immer Stimmen, aber ich sehe niemand.«

Lehrerin: »Hmm, und wann tritt das auf?«

Schüler: »Immer dann, wenn ich telefoniere.«

»Was ist ein Lichtjahr?«, möchte der Physiklehrer wissen. Tim meldet sich eifrig und kommt dran. »Das ist die Stromrechnung für die letzten 12 Monate.«

Charlotte kommt in die Klasse gerannt, lässt sich auf ihren Stuhl fallen und entschuldigt sich: »Tut mir leid, ich hab verschlafen.« »Ach herrje«, meint die Lehrerin besorgt, »zu Hause schläfst du auch noch?«

Schimpft der Trainer mit dem Abwehrspieler, der sich im Training auf die falsche Seite gestellt hat: »Mensch, ich habe dir doch gesagt, du sollst auf der linken Seite spielen! Weißt du denn nicht, wo links ist?«
»Leider noch nicht – bisher habe ich nur gelernt, wo rechts ist.«

Der Trainer fragt einen Fußball-star nach dem verlorenen Spiel: »Wann werde ich von dir wohl mal wieder was Ordentliches zu sehen bekommen?«
»Na, morgen Abend – in der TV-Werbung stelle ich ein neuartiges Fitness-getränk vor.«

Wie heißt der Gott der Vergesslichen?

Äh, Dings

Was ist der Unterschied zwischen einem Nilpferd und einem Floh?

Ein Nilpferd kann einen Floh haben, ein Floh aber kein Nilpferd.

Sagt ein Mäuschen zu seiner Mutter. »Mama, ich will so gerne ein Tausendfüßler sein.« »Warum denn, mein Schatz?«, fragt die Mutter.

»Weil ich dann immer ganz viel zu Nikolaus bekomme, wenn ich meine Schuhe vor die Tür stelle.«

Meint die Mutter: »Bis du erst mal alle deine Schuhe geputzt hast, ist aber schon Frühling!«

Sagt die Schulsekretärin zum Rektor: »Wir haben einfach keinen Platz mehr in den Büros. Sollen wir nicht die uralten Zeugnisse und Akten vernichten? Da sind ja noch Unterlagen von 1910 dabei.«
Antwortet der Rektor: »Gute Idee, aber machen Sie vorher von allem eine Kopie.«

Die Frau des Fernsehintendanten erkundigt sich bei ihrem Sohn, der gerade den ersten Schultag hinter sich hat: »Na, wie war's denn?«
Erwidert der Kleine: »Na ja, das Programm war ja ganz gut – aber die Moderatorin ...«

Die Tiere stehen paarweise Schlange, um auf die Arche Noah zu kommen. Auf einmal geht's nicht mehr weiter. Die Tiere, die hinten im Regen stehen, murren, und eines ruft nach vorn: »Wieso geht's denn nicht weiter?« Kommt von vorne die Antwort: »Kann noch dauern: Die Tausendfüßler ziehen sich gerade die Hausschuhe an.«

WM-Endspiel. Großer Andrang am Karten-häuschen. Willi möchte sich vordrängeln, doch die anderen Leute motzen: »Stell dich gefälligst hinten an!« Meint Willi: »Geht nicht: Hinten steht schon jemand.«

Meint Lukas zu seiner Frau: »Du, mein Arzt hat mir geraten, mit dem Fußballspielen aufzuhören.« »Oh Gott, hat er eine Krankheit bei dir entdeckt?« »Nein, das nicht – er hat mich nur spielen gesehen.«

»Sie sind eindeutig des Raubes überführt«,
meint der Richter, »ich habe vier Zeugen,
die gesehen haben, dass Sie am helllichten
Tag die Tankstelle überfallen haben.« »Aber
das ist doch lächerlich«, meint der Angeklagte,
»ich habe mindestens zwanzig Freunde, die
nicht gesehen haben, dass ich die Tankstelle
überfallen habe.«

Zwei Pferde treffen sich im Zoo. Das eine sagt zu dem anderen: »Unerhört, es ist schon fast 15.00 Uhr und das Zebra da drüben ist immer noch im Schlafanzug.«

Fragt Fernando: »Was ist ein Tier mit einem Bein?«
Antwortet Valentin: »Ein halbes Hähnchen.«

Warum kann man Mäuse nicht melken?

Weil der Eimer nicht darunterpasst

Was ist weiß und kriecht den Berg hinauf?

Eine Lawine mit Heimweh

Was kommt heraus, wenn eine Kuh und
ein Tintenfisch zusammen Kinder kriegen?

Kühe, die sich selbst melken können

Wie umarmen sich zwei Igel?

Äußerst vorsichtig

Der Lehrer ist auf 180: »Kyra, warum hast du gerade gelacht?«

Kyra: »Ich habe an etwas gedacht.«

Lehrer: »So, dann merk dir ein für alle Mal: In der Schule wird nicht gedacht.«

Vor der Schule steht ein schluchzender Junge.

Streifenpolizist: »Warum weinst du denn, mein Kleiner?«

Schüler: »In der Schule hat man uns gesagt, dass wir die Straße nur überqueren dürfen, wenn die Autos vorbei sind. Und nun stehe ich schon seit über einer halben Stunde hier und es kommt noch immer keins vorbei.«

»Stella, was ist die Hälfte von 12?«

»Keine Ahnung, aber viel kann es nicht sein.«

Spricht ein Fußballtrainer zum Tennistrainer:
»Komm, wir tauschen unsere Spieler aus: Meine
Jungs treffen nie ins Netz und deine hauen die
Bälle ständig rein.«

»Junge, du siehst blass aus«, bemerkt Oma beim Essen. »Iss bitte dein Gemüse, das ist gesund und dann bekommst du wieder ein bisschen Farbe ins Gesicht.« Leon schaut skeptisch auf den Brokkoli auf seinem Teller: »Ich will aber kein grünes Gesicht haben, Oma.«

Meike kommt mit neuen Schuhen in die Schule, einer ist rot, einer braun. »Was hast du denn für komische Schuhe an?«, fragt Lena. »Ja, ist mir auch schon aufgefallen«, sagt Meike. »Und stell dir vor, zu Hause habe ich noch so ein Paar.«

Ida und Lea sitzen auf einer Wiese und schauen den Kühen zu. »Sag mal«, meint Lea nach einer Weile, »hast du eigentlich schon mal gesehen, wer den Kühen immer den ganzen Kaugummi bringt?«

Lehrerin: »Warum weinst du denn so?«
Kleiner Junge: »Weil ich keine Ferien bekomme.«
Lehrerin: »Und warum solltest du keine Ferien bekommen?«
Kleiner Junge: »Weil ich noch gar nicht in die Schule gehe.«

Im Unterricht.
»Robert, was tust du? Lernst du etwas?«
»Nein, Herr Ziegler, ich höre Ihnen zu.«

Lehrer: »Als Alexander der Große so alt war wie du, hatte er schon die halbe Welt erobert.«
Schüler: »Na, kein Wunder, der hatte ja auch Aristoteles als Lehrer.«

Fragt der Fußballtrainer seine Spieler: »Sagt mal, welche Muskeln treten in Kraft, wenn ich den Ball trete?« »Unsere Lachmuskeln.«

Fragt der Vereinsmanager den Trainer: »Wie hat sich eigentlich der neue Spieler beim Probetraining gemacht?«
»Ihm gelang ein Sonntagsschuss nach dem anderen, deshalb habe ich ihn wieder weggeschickt.«
»Wieso denn das?«
»Wir spielen doch immer samstags.«

Ein berühmter Fußballspieler fragt den Pfarrer: »Ist es eine Sünde, wenn ich sonntags Fußball spiele?« Antwortet der Geistliche: »Das nicht – nur wie du spielst!«

»Wie alt bist du jetzt, Sabine?«, fragt Tante Hilde bestimmt zum hundertsten Mal. »Sieben, Tante Hilde«, antwortet Sabine brav. »Und was möchtest du einmal werden?« »Acht, Tante Hilde.«

Herr Mickel ist stolz auf seinen neuen Kleinwagen und spritzt ihn jeden Samstag mit dem Gartenschlauch ab. »Du, Herr Mickel«, sagt die kleine Lisbeth, die das nun schon einige Wochen beobachtet, »ich glaub, das kannst du vergessen. Der sieht nicht so aus, als würde er noch wachsen.«

Schweren Herzens setzen Schmidts ihren Kleinwagen zum Verkauf in die Zeitung. »Warum wollt ihr euer Auto denn verkaufen?«, fragt ein Nachbar. »Du siehst ja, das Auto ist eine einzige Blechbeule.

Jedes Mal, wenn ich in der Einkaufsstraße parke, kommt ein hilfreicher Polizist angerannt und fragt mich, ob ich den Unfall schon gemeldet habe.«

Die Ehefrau sagt vorwurfsvoll zu ihrem Mann: »Unser Nachbar gibt seiner Frau immer einen Kuss an der Gartenpforte, bevor er zur Arbeit geht. Warum tust du das denn nicht auch mal?« Der Mann ist völlig entsetzt. »Aber Liebes, ich kenne die Frau doch gar nicht.«

Zwei Fußballspieler stoßen zusammen und verheddern sich. Beklagt sich der eine: »Oh Gott, ich habe kein Gefühl mehr im Bein!« Antwortet der andere: »Kein Wunder! Du kneifst die ganze Zeit in meines!«

Ein lauffauler Mittelstürmer wird beim Tierschutzverein angezeigt. Warum? – Na, er stand 90 Minuten lang auf demselben Regenwurm.

Wer hört alles, sagt aber nie etwas?

Das Ohr.

Was macht ein Stern, dem alles egal wird?

Er wird zur Sternschnuppe.

Welcher Tiger lacht ständig?

Ein Lustiger.

Wie überqueren Ameisen einen Fluss?

Sie nehmen das A aus ihrem Namen und fliegen ans andere Ufer.

Tante Tilli in der Post: »Bitte geben Sie mir eine dieser schönen Briefmarken mit Rosen drauf. Aber bitte machen Sie den Preis ab, es soll nämlich ein Geschenk sein.«

»Mensch, Tina, jetzt bist du zum dritten Mal durch die Prüfung gerasselt«, schimpft Frau Huber. »Was soll ich denn machen, Mama«, verteidigt sich Tina, »wenn die auch immer den gleichen Quatsch fragen.«

Der Affe sitzt auf einem Baum. Kommt der Papagei und fragt: »Hallo, Affe, was machst du denn so?« »Ach, ich sitze hier rum und warte auf den Tiger. Und wenn der kommt, haue ich ihm kräftig eine aufs Maul.«

Kommt die Schlange und fragt den Affen: »Hallo, Affe, was machst du denn so?« »Ich sitze hier rum und warte auf den Tiger. Und wenn der kommt, haue ich ihm kräftig eine aufs Maul.«

Kommt der Tiger und fragt: »Hallo, Affe, was machst du denn so?« »Ich sitze hier so rum und klopfe dumme Sprüche.«

Welche deutsche Stadt steht sehr oft auf dem Tisch?

Essen

Welchen Stern findet man nicht am Himmel?

Den Seestern

Mäht man Heu schon im Juni oder erst im Juli?

Man mäht kein Heu, sondern Gras.

Wer hat Arme, aber keine Beine?

Der Armleuchter

Linda schickt Postkarten aus dem Urlaub. Auf eine Karte schreibt sie nur die Adresse. »Wieso schickst du Rosa eine leere Postkarte«, fragt Mama. »Wir haben uns am letzten Schultag so gestritten, dass wir kein Wort mehr miteinander sprechen.«

Zwei Bauern treffen sich auf ihren Feldern. Doch statt des gewohnten Traktors rückt einer der Bauern nun mit einer Dampfwalze an! Darauf fragt ihn der andere Bauer verständnislos: »Was machst du denn mit einer Dampfwalze?« Dieser antwortet mürrisch: »Mir ist das blöde Kartoffelnaufsammeln zu doof, ich baue jetzt Kartoffelbrei an!«

Biologielehrer: »Der Schimpanse unterscheidet sich vom Menschen nur dadurch, dass er nicht sprechen kann. Könnte er sagen: ›Ich bin ein Schimpanse‹, so wäre er bereits ein Mensch.«

Lehrerin: »Weißt du, wie lange Fische leben?«
Schülerin: »Wahrscheinlich genauso wie kurze.«

Zwei Fußballspieler unter der Dusche. Fragt der eine den anderen: »Sag mal, warum läufst du beim Haarewaschen eigentlich die ganze Zeit hin und her?« »Na, auf der Packung steht ›Wash and Go‹.«

Zwei Gartenbesitzer unterhalten sich: »Also ich hab es ja nicht glauben wollen, aber meine Rosen gedeihen viel prächtiger, seit ich freundlich zu ihnen spreche.« »Guter Tipp«, meint der andere, »dann gehe ich sofort mal rüber und beleidige mein Unkraut.«

Welcher Gang kann zum Untergang führen?

Der Seegang

Welches sind die ungefährlichsten Täter?

Die Sanitäter

Warum schließt der Hahn die Augen, wenn er kräht?

Weil er den Text auswendig kann

Was tut man, bevor man aus dem Zug aussteigt?

Einsteigen

Welcher Vogel ist meistens traurig?

Der Pechvogel

Sagt ein Kamel zu einer Kuh:
»Wollen wir nicht eine Milchbar aufmachen?
Du gibst die Milch und ich habe die Hocker.«

Ein Elefant geht mit seiner
Freundin, der Maus, ins Kino.
Sie suchen sich einen Film aus
und lesen auf einem Schild
über der Kasse: Programm
6 €. Da sagt der Elefant: »Nee,
ehrlich, das ist mir zu teuer, die
wollen Pro Gramm 6 € haben.«

Ein Känguru kommt in den Zoo und
wird in einen Käfig gebracht. Am ersten Tag bricht
es aus. Es wird wieder eingefangen und das Gitter
wird erhöht. So geht es fünf Tage lang. Am sechsten
Tag fragt das Känguru seinen Käfignachbarn: »Wann
merken die eigentlich endlich, dass die Tür auf ist?«

Was kannst du tun, wenn ein ausgewachsener Weißer Hai deinen Wasserball klaut?

Einen neuen kaufen

Woran erkennt man, dass ein Elefant im Kühlschrank war?

An den Fußspuren in der Butter

Wenn ein schrecklich wilder Tiger ins Kino geht, wo darf er sich dann hinsetzen?

Wo immer er will

Was hat ein Dieb, wenn er ein Stück Seife geklaut hat?

Ein reines Gewissen

Schüler: »He, nicht wegwerfen,
ich sammle kaputte Glühbirnen!«
Lehrer: »Wieso, was willst du
denn mit kaputten Glühbirnen?«
Schüler: »Die brauche ich für
meine neue Dunkelkammer.«

Lehrerin: »Branko, warum legen die Hühner Eier?«
Branko: »Na, wenn sie die schmeißen würden,
gingen sie doch alle kaputt!«

Ein Mann betritt das Musikgeschäft: »Geben Sie mir bitte die rote Trompete und das weiße Akkordeon.« »Ich empfehle Ihnen eine Brille, junger Freund«, meint der Verkäufer, »der Feuerlöscher und die Heizung stehen leider nicht zum Verkauf.«

Gibt es etwas Schlimmeres als einen angebissenen Apfel mit einem Wurm?

Ja, einen angebissenen Apfel mit einem halben Wurm.

Treffen sich zwei Holzwür-
mer. Sagt der eine stolz
zum anderen: »Mein Sohn
arbeitet jetzt in der Bank!«

Auf der Terrasse des Gasthofs Bergblick beschwert
sich ein Gast: »Wir hatten nur zwei Stücke Apfel-
strudel bestellt, nicht vier.« Der Kellner trägt die
beiden überzähligen Teller zurück in die Küche und
murmelt: »Blödes Echo!«

Der Quizmaster befragt seinen Kandidaten zur Fußball-Weltmeisterschaft 1974: »Wer erzielte im Endspiel gegen Holland das entscheidende 2:1 für Deutschland?«
»Das war Gerd Müller.«
»Korrekt! Und wie viele Zuschauer befanden sich im Stadion?«
»75 200.«
»Wieder richtig! Jetzt geht es um die Million: Wie hießen die Zuschauer im Stadion?«

Spricht der Vater zu seinem Sohn: »Simon, ich habe dir doch verboten, mit den schlecht erzogenen Jungs Fußball zu spielen! Warum spielst du nicht mal mit den gut erzogenen?«
»Das habe ich versucht, Papa, aber deren Eltern erlauben es nicht.«

Die sechsjährige Zoe haut sich auf den Arm und fragt ihre Mutter: »Sag mal, Mama, wo sind eigentlich die ganzen Mücken im Winter?« Seufzt die Mutter: »Keine Ahnung, aber so zerstochen wie du bist, wünschte ich, sie wären da auch im Sommer.«

Welcher König regiert kein Land?

Der Zaunkönig

Warum öffnen so viele Lehrer das Fenster, wenn sie in die Klasse reinkommen?

Weil es gesünder ist, bei offenem Fenster zu schlafen

Wer hat Flügel, aber keine Federn?

Das Fenster

Was wird ein Mensch, wenn er ins Rote Meer fällt?

Nass

Was ist eine Erdbeere?

Eine Kirsche mit Gänsehaut

Wo führen Flüsse kein Wasser?

Auf der Landkarte

Fliegt eine Fliege haarscharf an einem Spinnennetz vorbei. »Mist!«, ruft die Spinne, »aber morgen erwische ich dich!« »Geht nicht«, ruft die Fliege zurück, »ich bin eine Eintagsfliege.«

Herr Holzwurm kommt nach Hause und ruft die ganze Familie zusammen: »Kommt schnell, ein Schiff mit einer Holzladung ist gerade aus Hongkong eingetroffe! Wollen wir chinesisch essen gehen?«

© 2021 arsEdition GmbH
Friedrichstraße 9, D-80801 München
arsedition.de/service
Alle Rechte vorbehalten
Text: Ute Löwenberg, Philip Kiefer
Illustration: Charlotte Wagner
Alle Rechte vorbehalten
ISBN 978-3-8458-4364-3
Wir behalten uns die Nutzung unserer Inhalte für Text und
Data Mining im Sinne von § 44b UrhG ausdrücklich vor.
www.arsedition.de

MIX
Papier | Fördert
gute Waldnutzung
FSC® C015559